Ludwig Weber

Der Herr hält mich in seiner Hand

Lebens-Reime

BoD

„Lasst es alles geschehen zur Erbauung!"
1.Korinther 14,26b

Herstellung und Verlag:
Books on Demand GmbH, Norderstedt
ISBN: 978-3-8370-7943-2

In Gottes Hand

Der Herr hält mich in seiner Hand!
So wandre ich durchs Erdenleben.
Wird meine Last mir gar zu schwer,
 „Komm Kind, ich helf dir", spricht der Herr.

Und wie mich seine Hand umfasst,
wird leichter mir die schwere Last.
Frohmutig halte ich nun Schritt,
ich fühle ja - der Herr geht mit.

Zweifel

Angefangen habe ich wohl so manch Gedicht,
angestimmt wohl auch so manches Lied,
doch zur Vollendung fand ich die Ruhe nicht,
nach der Störung war ich einfach viel zu müd.

War zu müde oder voll Gedanken
ob des Leides, das man mir geklagt,
seh auch manche Grundsätze wanken,
werd vom Zweifel dann auch wohl geplagt.

Voll Zweifel, ob mit meinem Reden
ich meinem Nächsten helfen kann.
Stell ich mich ein auf einen jeden,
folgt meinem Wort die Tat sodann?

Oder plappere ich nur Plattitüden,
bin hilflos gar, ein Schwätzer nur,
der nicht aufrichten kann den Müden;
Allgemeinplätze aufreiht, wie Perlen auf der Schnur?

Gleich Perlen, die kunstvoll gezogen,
nicht die Natur hervorgebracht;
geringer Wert nur in den Wogen
des Lebens, das verächtlich lacht.

Verächtlich lacht ob mein Bemühen,
wie ich dem anderen helfen kann,
wenn seine Sorgen mich wolln ziehen
und schlagen ganz in ihren Bann.

Doch ist Gewißheit mir gegeben,
Ich steh ja nicht allein!
Gott kennt die Sorgen in unserem Leben,
er will bei mir und dir stets sein.

Will helfen uns in unserer Not,
will tragen mit uns unsere Last,
er geht mit uns selbst in den Tod,
wir sind von seiner Lieb umfaßt.

Darum mag der Zweifel weichen,
drum solln auch die Sorgen fliehn.
Gott wird uns seine Hand stets reichen
wenn wir uns nur darum bemühn.

Tagesablauf

Hell lodern die Flammen in meinem Kamin.
Ich rauche mein Pfeifchen - die Gedanken ziehn.
Ich bedenke, was diesen Tag ich gemacht;
mit wem ich gesprochen, mit wem ich gelacht.
Heute morgen die Beerdigung dieser jungen Frau;
ich fühle mich hilflos, ich weiß ganz genau,
daß meine Worte den Kindern, dem Mann,
den Schmerz und die Trauer nicht vertreiben kann.

Danach zum Geburtstag zu einer Bezirksfrau,
die Gäste sind fröhlich und mir ist ganz flau.
Ich muß mich umstellen, nicht merken lassen an,
daß ich mit dem Geburtstagskind jetzt nicht fröhlich sein
kann.
Muß lachen mit den anderen, muß reden und singen
und gute Stimmung und Frohsinn zum Ausdruck
bringen.

Nachmittags dann Unterricht, Katejumenen und
Konfirmanden.
Hab ich diese Kinder heut richtig verstanden?
Ist es mir denn gelungen, auf ihre Glaubensfragen,
auch wirklich die richtige Antwort zu sagen?
Konnt ich ihnen denn deutlich machen,
daß es um mehr geht als bei anderen Sachen;

um mehr als beim Fußball, bei Musik oder Spiel
- um die Grundlage des Lebens -, gab ich ihnen das
Gefühl,
daß die Kirche mehr ist als irgendein Verein,
haben sie begriffen, was es bedeutet Christ zu sein?

Dann kam ein Pärchen zum Traugespräch.
Ich fragte sie nach ihrem Lebensweg.
Wir besprachen die Trauung, das Warum und das
Wann;
für sie ist das Wichtigste, ob man filmen kann
und ich werde bei dem Gespräch das Gefühl einfach
nicht los.
die zwei wollen die Trauung zur Dekoration doch bloß;
die Kirche als Rahmen zur festlichen Familienfeier,
als äußeres Beiwerk zu weißem Brautkleid und Schleier.

Presbyteriumssitzung am Abend; hoffentlich wird's nicht
zu spät.
Ich eröffne die Sitzung mit Andacht und Gebet.
Sechzehn Presbyter mit uns Pfarrern sitzen in diesem
Kreise,
ein jeder beteiligt sich in der ihm eigenen Weise
und soll zu den verschiedensten Tagesordnungsfragen
ganz offen seine Meinung sagen
und soll entscheiden zum Wohl der Gemeinde,
geschwisterlich diskutieren, nicht streiten wie Feinde.
Doch die unterschiedlichen Meinungen unter einen Hut
zu bringen,
das wollte mir heute nur schwer wohl gelingen.

Gottes Hand

In Deine Hand, in Deine Hand allein
leg´ Herr ich all mein Denken, Mühen, Sorgen;
in Deiner Hand allein bin ich geborgen,
ruht doch in ihr mein ganzes Menschensein.

In Deine Hand, in Deine Hand allein
leg´ Herr ich allen Irrtum, alles Fehlen.
Die Zweifel, die in meiner Seele schwelen;
Du machst zunichte sie, Du ganz allein.

In Deine Hand, in Deine Hand allein
hast Du mich, Herr, auf ewig eingezeichnet,
mir gnädig Dein Erbarmen zugeeignet;
wie dank ich Dir, daß ich Dein Kind darf sein!

Golgatha

Rau und steinig war der Weg,
den Du, Herr, bist gegangen -
dennoch hältst am Kreuze Du
uns mit Deiner Lieb umfangen.

Keinen Vorwurf findest Du
für uns arme Sünder -
selbst in letzter Todesnot
liebst Du uns als Kinder.

Lebenslast

Drückt Dich des Lebens Last zu schwer,
Schau hin zum Kreuz, das einst der Herr
unschuldig trug zu Deinem Heil,
und miß daran Dein Kreuzesteil.

Ja selbst noch dieses hilft er tragen
wenn Du nur willst die Bitte wagen:
Herr, hilf mir durch des Leides Last,
weil Du es mir verheißen hast.

Wenn tief und innig so gefleht
die Seele Dein, ER bei Dir steht;
legt segnend Dir die Hand aufs Haupt
und hilft Dir, weil Du ihm geglaubt.

Gnade

Durch Gnade nur wird unser Herze fest!
Daß in den dunklen Leid- und Schmerzestagen
die Seele willig ihre Last kann tragen
ist Gnade, die nicht unterkriegen läßt.

Ist Gnade, dir von Gott gegeben;
Gnade, die die Schöpfung lenkt
die dir Mut und Frieden schenkt.
Erfüllung bringt in deinem Leben.

Wann?

"Nur noch eine kurze Spanne Zeit",
hört ich eine Stimme nächtens sagen,
"dann wird auch dein Leib hinausgetragen,
und die Seele zieht zur Ewigkeit."

Warum also trübt sich so mein Sinn,
läßt die Seele ihre Flügel hängen,
da sie doch den Kerker bald wird sprengen,
frei, erlöst, empfangend Leidgewinn?

Meiner Seele

Sind deine Blüten auch verregnet
und hat ein Sturm sie weggefegt;
Gott hatte sie gewiß gesegnet,
als er sie dir ins Herz gelegt.

Vielleicht war es die letzte Freude
die er dir freundlich zugedacht
an deines Lebensweges Scheide -
bevor dich überrascht die Nacht.

Vielleicht war es auch Lichtgeläute,
ein Klang aus fernem Paradies,
vielleicht die gottgewollte Freude,
die deine Seele klingen ließ.

Man nahm sie dir - nun sprich ein Amen,
nach Gottes Sinn und seinem Wort;
doch soll der Blüten reiner Samen
in deiner Seele keimen fort.

Auf der Onkologie

Nun Herz hör auf zu schlagen,
es ist genug an Leid!
Genug hast du getragen
in langer Leidenszeit.

Es ist genug an Hoffen,
das niemals sich erfüllt.
Nur eins bleibt dir noch offen -
ein Grab, das dich umhüllt.

Abschied

Zum letzten Male streicht wohl deine Hand
sein stilles Lager, seine weiße Decke.
Und wie man vor dem Tode auch erschrecke,
du musst doch anschaun unverwandt
sein schon entirdischtes, erblasst Gesicht,
und findest Antwort auf die Frage nicht,
was seine Seele jetzt wohl mag empfinden,
da ihr der Herr den Heimweg kam zu künden.
Auf seiner Stirne perlt noch kalter Schweiß,
die Hände krampfen blutleer sich zusammen,
in seinem Aug verlöschten Lebensflammen -
nun geht er auf Geheiß.

Totengedenken

Meine Lieben sind nicht tot -
sind nur räumlich mir entfernt.
Wohnen in dem Morgenrot,
da der Geist Erkenntnis lernt.

Meine Lieben sind nicht tot,
leben ja in meinem Herzen -
scheuchen oft der Seele Not,
trösten mich in Lebensschmerzen.

Meine Lieben sind nicht tot -
stündlich rede ich mit allen,
und in meiner Seele loht
Sonnenlicht, wenn Blätter fallen.

Meine Lieben sind nicht tot -
Christus schenkt uns neues Leben.
In der tiefsten Trauer Not,
will er Zuversicht mir geben.

Sterben

Das ist der Tod! Ich fühl wie in den Adern
das Blut erstarrt, ein Schaudern mich befällt.
Umsonst, daß der Genesung ich geharret -
Matt wird mein Herz - Leb wohl, du schöne Welt.

Das ist der Tod! Mein Herz befällt ein Zittern,
so feierlich, so groß wird mir zumut.
Ein weihevoll Empfinden läßt erschüttern
die Seele mein, und mir wird leicht und gut.

Das ist der Tod! Durch lichte Schleier sehe
ich jene Welt geheimnisvoll erhellt.
Ein wild Verlangen sagt, daß ich jetzt gehe. -
Ade! Leb wohl! Vergänglich arme Welt.

Krankenwache

Nie bist in Krankheit du allein,
mein liebes Kind, mit deinen Schmerzen.
Dein Heiland wird stets bei dir sein,
wenn Du nach ihm verlangst von Herzen.

Er kennt und liebt Dich, er gibt acht,
daß dich die Welt ihm nicht entrücke.
Er hält getreulich bei Dir Wacht,
daß Du ihm sagst, was Dich bedrücke.

Und Du, mein Kind, ruh bei ihm aus
vom Schmerz der Krankheit und des Lebens.
Er führt Dich zu des Vaters Haus
auf ihn traust nimmer Du vergebens.

Er flüstert traut zur Abendzeit:
Komm Kind, wir wollen heimwärts wandern,
allein ist Dir der Weg zu weit;
leicht locket Dich das Ziel der Andern.

Komm, stütze Dich auf meine Hand!
Gar lang hielt ich sie ausgestrecket,
bis ich, mein Kind, Dich wiederfand,
wenn auch von Dornen rings umhecket.

Ich löse Dich - ich mach Dich frei
von Angst und Leid, das Dich zerrissen.
Du bist doch mein in Ewigkeit
und nimmermehr will ich Dich missen.

Horch Kind - so spricht zur Abendzeit
Dein Heiland, wenn's in Dir will dunkeln.
Vertrau Dich ihm. Noch ist es Zeit,
solang Dir Gottes Sterne funkeln.

Gar gut ruht sich's an seiner Brust.
So wohlgeborgen darfst Du liegen.
Wie schal dünkt alle Erdenlust,
darfst Du Dich an den Heiland schmiegen.

Totensonntag

Sag, ist das Sterben denn so schwer,
daß soviel Augen weinen?
Bekümmert´s Dir das Herz so sehr,
wenn einer stirbt der Deinen? -
Du weinst nur um Dein eigen Leid,
der Tote ruht in Seligkeit.

O gönn ihm doch der Sehnsucht Ziel,
das Ausruhn nach des Lebens Mühn.
Schon oftmals eine Blüte fiel
die nicht gelang zum Blühn.
Der Mensch, bestimmt zum ew'gen Licht,
blüht erst vor Gottes Angesicht.

Annas Mutter

Du tatest den Schritt, den viele wohl getan
im dunklen Drang nach des Geschicks Erfüllung.
Brach und rauh liegt nun Deine Lebensbahn -
der Seele Dürsten findet keine Stillung.

Du tatest den Schritt, und keine Brücke bringt
zurück Dich, zu der Freiheit Deines Lebens -
schlag an des Kerkers Tor, ob es zerspringt -
Umsonst - und Deine Seele weint vergebens.

Armut

Ich bin so arm, daß ich kein Lied mehr hab,
das klagen kann in wehmutsvollen Tönen
von meiner Seele dunklem Schmerzensgrab,
von meiner Seele tiefstem Sehnen.

Ich bin so arm, daß ich nicht Tränen hab
zu weinen über meines Herzens Jammer
und nirgends findet sich ein Freundesstab,
der tröstend leitet mich zu stiller Kammer.

So arm bin ich, daß mir´s am Wort gebricht!
So arm, daß Lied und Träne mir gestorben!
Ach, warum komme niemals ich zum Licht,
und – warum bin ich nicht schon längst
                              verdorben?

Verlassenheit

Wenn Dich das Grauen überfällt,
das kalte, dunkel Grauen,
und du in Deiner Seelenwelt
nur Finsternis kannst schauen,

wenn keine Kraft in Dir erwächst,
Dämonentrug zu bannen,
verzweifelnd Du umsonst Dich reckst
nach reinen Lebensflammen.

Das ist die Stunde der Verlassenheit,
da Satans Macht die Seele Dein begehret,
den Weg zur Seligkeit Dir tückisch wehret,
und Dich erfüllt mit Angst und Traurigkeit.

Ein Weilchen nur, dann bricht ein helles Licht
in Deiner bangen Seele dunkle Spalten,
und Deine Hände hoffensfroh sich falten,
hörst Du des Herren Wort: Ich lass Dich nicht!

Seelenpein

Verhangen meine Seele
wie grauer Nebeltag -
werft vor mir Schuld und Fehle,
daß ich darob verzag.

Und dunkle Wolken drücken
das Herze wie ein Stein -
kann ich dem Gram entrücken?
Lasst mich mit Gott allein!

Vorbei

Wer fragt darnach
ob es zerbrach
was tief im Herzen,
mit tausend Schmerzen
und tausend Wonnen
gebar zur Sonnen
der Frühlingstag

24

Was soll's?

Warum das viele Fragen
nach meinem Wohl und Weh?
Soll ich denn allen sagen,
daß keiner mich versteh´?

Dass einsam und verfehlet
erscheint mein Lebensgang,
daß mich ein Heimweh quälet
nach Sterbeglockenklang.

Soll meine tiefen Wunden
entblößen ich zur Schau?
Für mich gibt's ein Gesunden
erst unter grüner Au.

Abendstunden

Es war Abend und ich lauschte
eines Vögleins Nachtgesang.
Neben mir ein Bächlein rauschte
von des Tages Wundergang.

Frieden hält mein Herz umsponnen,
Wonne meine Seele trank;
aus dem ew'gen Himmelsbronnen
Stern auf Stern herniedersank.

Tannenwaldduft mich umwehte,
Blumen flüsterten im Traum.
Tiefes, seelenvolles Beten
schwingt sich in den Weltenraum.

Geborgen

Wenn der Feind in dunklen Nächten
mir das Beste rauben will,
berg ich mich in Jesu Wunden
und ich werde stark und still.

Mag der Feind in Angst mich stürzen,
mag erschrecken mich sein Dräun;
Jesus wird die Zeit verkürzen,
daß ich bald bei ihm darf sein.

Quälen Zweifel meine Seele,
ist Er immer für mich da;
Er, der all mein Fehle
trug am Kreuz von Golgatha.

Und so leg ich meine Lasten
bei ihm nieder voll Vertrau´n,
dass im grauen Alltagshasten
Er den rechten Weg wird bau´n.

Jugend

Noch steh ich in der Blüte meiner Jahre,
noch liegt vor mir die Zukunft hell und licht,
noch schwingt sich meine Seele gleich dem Aare
dem Himmel zu und acht´ der Stunden nicht.

Der Stunden, ach, die gar so schnell entfliehen!
Der Stunden meiner Jugendzeit.
Der Stunden, die mir ja nur sind geliehen
zum Wirken für die Ewigkeit.

O Ewigkeit! Dort oben bleibt die Jugend,
schwand sie auf Erden, kehrt sie dort zurück.
Verband man mit der Jugend auch die Tugend,
so wartet unser dort ein dauernd Glück.

Nicht Erdenglück, wonach wir Menschen streben,
gemischt mit Tränen, Seufzen, bangem Leid,
Nein, ew'ger Frühling, Ew'ges Leben
und heil'ge Lieb und Freudenzeit.

Verpasst

Du fandest nicht das Wort, das dir erschloss
die Wunderwelt der tiefen, wahren Liebe;
des Glückes Mut dein ängstlich Herz verdross,
so wurdest töricht du am Glück zum Diebe.

Nun stehst du einsam an dem Wegesrand
des Lebens, das dir einst so hoch gewogen
und streckst vergebens bittend deine Hand, -
längst ist es trauernd fort von dir gezogen.

Liebe

Es trägt in bitterschwerer Zeit
unsere Liebe Last und Not -
und geht doch im Blütenkleid,
ist frisch und jung wie Morgenrot.

Und ihre Diamantenkron
ist die Unsterblichkeit -
sonst wär´ sie zerbrochen schon
vom Steinwurf dieser Zeit.

Meiner Liebe

Wie Morgenlicht auf Blüten
fiel in mein Herz dein Wort;
durch alle Zeiten hüten
will ich es fort und fort.

Es sei mir Weggeleite
wenn meine Augen trüb, -
es führ in selige Weite
Dein Wort: ich hab dich lieb

Der Mann neben dir

Sieh, so hatt´ er's sich gedacht
als er seine Hand dir reichte,
wenn die Maienzeit entfleuchte
und das dunkle Haar einst bleichte:
Mit dir Hand in Hand zu geh´n
wenn des Lebens Stürme weh´n.

In vertrauter Harmonie
sollten eure Seelen klingen -
und auf lichten, goldnen Schwingen
zu verklärten Sphären dringen
in beseelter Melodie.

Ach, es ist so anders nun!
Eures Lebens Leidgebärde
macht der Seele Kampfbeschwerde,
zog euch nieder zu der Erde -
stürzte euren Altar um.

Nun ist nüchtern-wach sein Sein.
Geht wohl neben dir, doch ferne
bist du ihm gleich einem Sterne
den er einst besessen gerne -
doch der ihm gab falschen Schein.
Neben dir - geht er - allein.

Mein Weg

Der Weg, den einst gewählt ich hab´,
er ist voller harter Steine,
doch führet er mich nicht hinab
selbst wenn ich manchmal weine.

Die Dornen peitschten oftmals mich,
zerfetzten mir Haut und Kleid,
doch hindern können sie mich nicht
und scheint mein Ziel auch noch so weit.

Ich geh´ meinen Weg, ist Gott mit mir,
was soll dann der Menschen Grollen;
hab ich nur Vertrauen - sein Wort steht dafür,
er kann nur mein Bestes wollen.

Mein Garten

In meinem stillen Garten
ist unversehen über Nacht
ein wundersames Blühn erwacht -
nach so viel langem, langem Warten.

Das kam, weil einer Gärtnerin Hand
gelockert seinen harten Boden,
damit der reinen Lüfte Odem
den Weg zu seinen Wurzeln fand.

Als dann der Wildwuchs ward geschnitten
und Dornenranken weggeräumt,
da kam die Sonne auch geschritten
und bracht zum Blühen, was geträumt.

Wenn Ihr nun durch mein Gärtlein gehet
so sorget, daß Ihr nichts zerknicket,
und nichts zertretet und zerpflücket,
auf daß es nicht in Trauern stehet.

Doch tut wie ich und freuet Euch,
daß so viel Schönes er kann geben,
daß er ein einsam Menschenleben
vom Dunkel kann zum Licht erheben
und froh beglückend es macht reich.

Neuer Morgen

An jedem neuen Morgen,
beim ersten Hahnenschrei,
muss alles Leid und Sorgen
vorm Vater erst vorbei.

Er prüft mit klaren Augen
was mir von Nutzen sei,
und was mir nicht kann taugen,
darf nicht an IHM vorbei.

Weil ich das weiß, so gebe
ich mich in seiner Hut,
denn was ich auch erlebe:
Er meint es mit mir gut.

..."dein Wille geschehe".....

Was immer auch kommen mag,
Herr, es geschehe Dein Wille!
Doch bleib bei mir den ganzen Tag,
auf daß ich halte stille,
wenn der Schmerz ans Herz mir klopft
und die heiße Träne tropft.

Poesiens Traum

Man kann den Kummer nicht zu Markte tragen
wie man zur Schau wohl stellt der Freude Kleid.
Niemandem kannst Du die Gefühle sagen
die oft die Brust zu sprengen Dir bereit;
und die am nächsten steh´n wohl Deinem Herzen,
fühlst Du entfernt Dir oft mit tausend Schmerzen.

Wie selig reich - wie wunschlos wär´ Dein Leben,
wenn nur die Liebste würde Dich verstehn,
dürftest Du dein ganzes Fühlen ihr doch geben,
wie wär Dein Leben unvergleichlich schön.
So aber scheinst Du ihr nur stets verdrossen,
wenn Deine Tränen oft nach Innen flossen.

Doch eines hat das Schicksal Dir bescheret
zum Trost für das oft unverstandne Leid;
daß, wenn Dein Herz Dir gar zu sehr beschweret,
Du´s hüllen kannst in eines Gedichtes Kleid;
mit Poesien lieblich-zart umwoben,
hat es Dein Herz den Schmerzen oft enthoben.

Bringt mir.....

Bringt mir Blumen, die der Frühling
über Nacht gebar.
Dass ich einmal nur noch glaube,
dass es Lenz einst war.

Bringt mir Zweige, blauen Flieder
drin ein Vöglein singt.
Dass ich glaube, Lenz ist´s wieder,
der für mich erklingt.

Bringt mir Erde, frische Schollen,
Lenzduft sie durchweh´,
dass sie auf den Sarg mir rollen,
wenn ich heimwärts geh.

Bringt mir -------, NEIN, lasst leer mich stehen,
still und ganz allein.-
Wenn ich dann muss heimwärts gehen,
wird's mir leichter sein.

Hoffnungslos - Hoffend

Einst kam die Sonne in mein Leben
und froh durft ich das Schöne schaun,
doch wie es scheint, wird es nur Leid noch geben,
erbebend fühlt mein Herz nun nur noch das Grau´n.

Doch irgendwann kommt wieder Sonne in mein Leben,
dass froh ich darf das Schöne schaun,
mein Herz, es füllt sich wieder mit Vertrauen
und wie der Herr, will es nur Liebe geben

Warum?

Wir standen im Blütenregen,
ein herzliches Verstehn
hieß unsere Lebenswege
scheinbar gemeinsam gehn.

Doch Sturm und Kälteschauer
sie trieben uns auseinand -
denn Glück hat kurze Dauer,
wie Blütenschnee im Land.

Kreuzesliebe

Den Kelch, den Du getrunken
in wahrer Herzensnot,
er brachte mir Erlösung -
Dir, Herr, den bittren Tod.

So hast Du mich geliebet,
so groß war Deine Huld,
dass den, der Dich betrübet,
Du kauftest los von Schuld.

Lass mich Dein Kreuz umfangen
in tiefgefühltem Dank
und mehren mein Verlangen
nach Deines Blutes Trank.

Ostern

Glockenjubel tönt aus Lüften
an der Menschen lauschend Ohr.
Kündend, daß aus Todesgrüften
stieg der Lebensfürst empor.

„Leben", spricht er, „Ihr sollt leben,
und mein Friede sei mit Euch!
Bleibt in mir, daß Euch gegeben
wird des Vaters Königreich."

Glockenjubel tönt aus Lüften
an der Menschen lauschend Ohr.
Und aus dunklen Todesgrüften
steigt der Lebensfürst empor.

Gottes Hand

In Deine Hand, in Deine Hand allein
leg, Herr, ich all mein Denken, Mühen, Sorgen.
In Deiner Hand allein bin ich geborgen,
ruht doch in ihr mein ganzes Menschensein.

In Deine Hand, in Deine Hand allein
leg, Herr, ich allen Irrtum, alles Fehlen.
Die Zweifel, die in meiner Seele schwelen,
Du machst zunichte sie, Du ganz allein.

In Deine Hand, in Deine Hand allein
hast Du mich, Herr, auf ewig eingezeichnet,
mir gnädig Dein Erbarmen zugeeignet;
wie dank ich Dir, daß ich dein Kind darf sein.

Der gefallene Engel

Du siehst den Adler sein Kreise ziehn
am Firmament hoch droben.
Verzaubert bleibst Du stille stehn;
Gefühle in Dir toben.

Die Brust, sie presst sich Dir zusammen,
es will Dir seltsam scheinen,
Dein Herz, es brennt in hellen Flammen;
Dir ist zum Lachen und zum Weinen.

Und Deine Sehnsucht eilt empor,
hinauf dort zu dem Aar,
sein Rufen dringt an Dein lauschend Ohr,
er scheint Dir seltsam klar.

Der Adler scheint Dir stolz und kühn,
fühlst Dich mit ihm vereint
und merkst in Deiner Wünsche blühn
nicht, daß er leise weint.

Er weint dort leise vor sich hin,
vom Sturm gepeitscht in seinem Reich;
doch Dir kommt nur noch in den Sinn,
daß er dem Engel gleich.

Er scheint Dir gleich dem Engel des Lichts,
geträumt hast Du von ihm.
Doch er sieht vor sich nur das Nichts,
fühlt nur noch Sorge und Mühn.

Und der Adler fängt zu taumeln an,
kann sich nicht fangen, nicht halten.
Und Du siehst nicht in Deinem Wahn,
der Stürme drohende Gewalten.

Du denkst nur, daß voll Übermut,
er sich zu Boden stürzt;
und was Dir vorher klar und gut
mit Unrat Du nun würzt.

Und wütend schlägst Du auf ihn ein,
Du gönnst ihm keine Ruh.
Wirst grausam gar und auch gemein,
weil er nicht will wie Du.

Und was an Schmutz Du finden kannst,
Du gießt es aus über ihn;
durch allen Unflat, den Du je fandst
willst Du ihn geifernd ziehn.

Von Hass erfüllt wirkst Du voll List
und Lügen verbreitest Du kalt.
Ein Engel, der gefallen ist -
Für dich zum Teufel wird gar bald.

Klimawandel

Ich sinne oftmals so im Dunkeln
wie es auf Erden würde sein
fehlt Tagesschein und Sonnenfunkeln,
fehlt Mondenlicht und Sternenschein.

Dann hör das Keuchen ich der Andern,
unsicher tastet Hand zur Hand
und keiner, keiner denkt an Wandern -
wohin auch? Dunkel liegt das Land.

Und in dem Dunkel wächst Beschwerde
lawinengleich zum Angstgebild -
man lauscht und sieht nicht die Gebärde
der Furcht, die schauernd uns umhüllt.

Der Dunkelheit Dämonenmauern
verbergen jedes Angesicht -
und ewig wird das Dunkel dauern,
und nie mehr, nie mehr wird es Licht.

Die letzten Menschen winden sich in Ängsten
und weinen dabei leis in sich hinein;
die Furcht, die währte wohl am längsten,
doch nun ist jeder nur noch voller Pein.

Es giert Verzweiflung, Schreie gellen,
ein Menschenknäul am Boden ringt. -
Licht! Licht! Die Arme hoch sich schnellen
indes der letzte Mut versinkt.

Wenn einmal auf dem Erdenrunde
ein solch Geschehn uns überfällt,
dann wär es die Verzweiflungsstunde
der argen, gottverlassnen Welt.

Geburtstag

Durch Tiefen und auf Höhen
ging tausendfach Dein Schritt
und immer durfst Du sehen,
der Herr, Dein Gott, ging mit.

Er war Dir Stab und Stütze,
Dein Führer allezeit,
ob Dir auch Dorn´ und Stachel
zerrissen oft Dein Kleid.

Und schlugst Du in Verzagen
die Hände vors Gesicht;
Er wars, der Dich getragen
aus Dunkelheit zum Licht.

Er wars, des sanfte Stimme
Dich tröstete im Leid,
auf daß Du würdest inne
wie stark sein Weggeleit.

So fass auch seine Hände
im neuen Lebensjahr,
auf daß Du sprichst am Ende:
Sein Nam ist wunderbar.

Siegeshoffnung

Nicht ermatten, nicht erliegen
darfst du, Seele, deinem Harm.
Jesu Christi hilft dir siegen,
stütz´ dich nur auf seinen Arm.

Nicht verzweifeln, nicht verzagen
darfst du, Seele, in der Not.
Jesu Christi wird dich tragen
durch die Nacht zum Morgenrot.

Nicht, was du in trüben Stunden
als das Beste dir erdacht,
ward als rechter Weg befunden;
Er ist´s, der den Weg dir macht.

Dies zu wissen, selge Gnade,
dies zu fühlen, stilles Glück;
strahlt auf deinem dunklen Pfade
dir doch Christi Segensblick.

Nicht ermatten, nicht erliegen
darfst du, Seele, deinem Schmerz!
Jesus hilft gewiss dir siegen,
flüchte dich nur an sein Herz.

Nachtgedanken

Wir tragen Sorge, Not und Last
allein in harter Zeit.
Und finden nirgends Ruh und Rast -
und der Weg ist weit, so weit!

Und das Herz wird matt,
und der Fuß wird müd,
und es nachtet rings umher -
Horch! Klingt nicht von ferne ein Lied,
daß Christus den Kummer wehr?

Ich geh meinen Weg durch das Dunkel der Nacht
und langsam weicht von mir der Schmerz
und ich fühle, Christus allein hat die Macht
mit Ruh zu erfüllen mein Herz.

Jahreswechsel

Ein Jahr geht zu Ende -
ein Neues steigt auf;
wir schauen zurück:
wie war doch sein Lauf?

Erst Wünsche, dann Träume,
dann Hoffen so groß.
Die Blätter der Bäume
beschatten das Moos.

Die Blüten, sie drängten
empor sich mit Macht -
dann hat es gefroren,
noch eh man´s gedacht.

Wechselnde Spiele
in wechselnder Zeit -
O Herze, wie liegt doch
dein Ziel noch so weit.

Doch schlagen die Wogen
des Weltmeeres auch wild,
Du trägst doch im Herzen
des Ewigen Bild.

Grüß Gott

Grüßt Dich ein Mensch, so grüßt Du ihn wohl wieder;
kein Wegsehn zeigt, daß Dir der Anstand fern.
Grüßt Dich der Herr, schlägst Du Dein Aug nicht nieder;
Du beugst vor ihm Dein Haupt, schaust an ihn gern.

Wie würde er es Dir denn wohl vergelten,
wenn statt zu grüßen, von ihm weg Du siehst?
Da bleibt es wahrlich nicht allein beim Schelten,
wenn Deines Herren Grüße Du verschmähst.

Denn Du hast einen Herrn. Der mächtge König,
der über alle Welt sein Zepter hält.
Er grüßt so oft dich, dankst Du ihm auch ein wenig,
wenn Deines Herren Gruß voll Milde auf Dich fällt?

Dankst Du ihm, wenn beim ersten Morgenschimmer
er huldvoll naht mit Tageslicht und Luft?
Dankst Du ihm, wenn der Sonne Goldgeflimmer
in Sinn und Herz Dir neues Leben ruft?

Dankst Du ihm, wenn er Schweres Dir gesendet,
daß er Dir Kraft auch zum Ertragen gab?
Dankst Du ihm, wenn er gnädig abgewendet
von Dir und Deinem Haus den schweren Schlag?

Unkraut

Nun weine, weine doch nicht mehr
Du oft verratenes Herz!
Das Leben war Dir immer schwer,
Dein Geleit oft nur der Schmerz.

Und wenn das Lachen kommen wollt,
scheel ward es angesehn.
Nur wenn die heiße Träne rollt,
blieb man bei Dir mal stehn.

So lebst Du gleich dem Wegewart
in kümmerlichem Sein;
lebst auch wie er in Eigenart
an unkrautvollem Rain.

Das Perlentor

Vor seinem Perlentor
stand einst ein Königsknabe.
Nacht war's. Er sprach: „Was nützt´s,
dass ich das Perltor habe?

Ich seh nicht seinen Glanz,
der meinen Blick erhellt,
mein ist es dann nur ganz
wenn Sonne darauf fällt.

Lang stand im Dunkel er
und wartete der Sonnen;
und wusste nicht -
daß ihm sein Augenlicht genommen.

Ein heimlich Perlentor
hat jedes Menschenherz,
doch dunkel steht davor
des Lebens Ernst und Schmerz.

Bald

Es ruht der Traum - es schweigt der Sturm,
die Glocken wimmern hoch vom Turm:
Du Menschenkind musst sterben!

Wohl ist das Laub heut jung und frisch,
doch morgen deckt ein Hügel Dich,
darauf muss es verderben.

Am Grabe

Leise weht ein sanftes Klingen
durch die stille Abendluft
und mit rosenfarbnen Schwingen
senkt es sich auf Deine Gruft.

Wundersam wird mir zu eigen,
nun, ich steh an Deinem Grab;
raunt es nicht in allen Zweigen:
Herze, leg Dein Trauern ab?

Frühling grüßt aus blauem Flieder
und der Winter muss vergehen.
Freuen will ich mich nun wieder,
Freuen - und auch neue Wege gehn.

Frühlingserwachen

Durch des Herzens dickste Mauern
dringt doch heller Sonnenschein
und nicht lange wird´s mehr dauern,
dann kehrt auch der Frühling ein.

Und mit Blütenpracht beladen
steht er lachend dann vor Dir:
Leg ab, was Dir will schaden.
tu auf Dein´s harten Herz Visier.

Sonnenlicht

Sonne, küss´ das Herz mir wach,
daß ich voller Dank und Freude
unter Deinem Lichtgeläute
schreite durch den grauen Tag.

Tag und Nacht

Das sind die Tage ohne Sonnen,
wenn Dir der Vogel Sang will scheinen
wie leises, wehmutsvolles Weinen;
beklagend aller Erden Wonnen.

Das sind die Tage ohne Sonnen,
wenn rings des Lebens frohes Werben
Dich mahnt, daß Du nur hältst die Scherben
aus Deiner Träume gold´nem Bronnen.

Das sind die Tage ohne Sonnen,
wenn Dir, bei eines Kindes Singen
voll Wehmut will das Herz zerspringen
ob all der Träume, die zerronnen.

Das sind die Nächte ohne Sterne,
wenn Du erliegend Deinem Leiden
der Hoffnung Strahlenlicht siehst scheiden
dahin in ewig dunkle Ferne.

Das sind die Nächte ohne Sterne,
wenn tränenlos Dein brennend Auge
vergebens späht, ob es nicht sauge
ein Tropfen Tau aus edlem Kerne.

Das sind die Nächte ohne Sterne,
wenn ruhelos in wilden Schlägen
Dein Herz verlangt nach Blumenwegen
die Pflicht gebietend ruft: Entsagung lerne!

Den „Freunden"

Wann werdet Ihr mich wohl verstehn,
verständnisvoll ins Aug mir sehn?
Wann meine Seele so begreifen,
daß Ihr mit könnt zu Höhen schweifen
zu Sphären, wunderbar und schön -
ach, werdet Ihr mich je verstehn?
Wird Euer Auge sonnenklar
einst folgen wohl dem wunden Aar
der leidvoll kämpfend aufwärts strebt?
Ob Ihr den Sieg wohl je erlebt?

Die Nacht

Nun geht der Tag mit seinen bunten Sängen,
darin sich Glück, doch mehr noch Leid verwoben;
es lauscht die Nacht an dämmergrünen Hängen
bis daß des Tages letztes Licht zerstoben.

Dann schreitet sie im dunklen Samtgewand
die Sternenleuchte in erhobner Hand
durch unerforschte weite Weltenräume
den Menschenherzen spendend Trost und Träume.

Sehnsucht

Sehnsucht ist ein Fremdling dieser Welt;
drum seufzt sie in des Herzens Enge,
drum weint sie, wenn der Welt Gedränge
hindernd ihren Sonnenflug verstellt.

Sehnsucht ist ein Fremdling dieser Welt;
ruhelos durchirrt sie Menschenherzen,
zeugend und gebärend tausend Schmerzen,
bis Erfüllung sie umschlungen hält.

Tautropfen

Tautropfen am sprießenden Grün,
Lachen im kindlichen Aug
künden von Lenzesbemühn,
lehren uns Lenzzauberhauch.

Tautropfen am blühenden Reis,
Freude im zärtlichen Blick
flüstern traumselig und leis
das liebliche Träumen vom Glück.

Tautropfen am dürren Ast.
Tränen im welkem Gesicht -
Leid, das die Seele nicht fasst
und doch das Herze bricht.

Wintersonne

Und wenn sie nun so müd am Himmel steht,
die winterblasse, wärmearme Sonne;
entäußert ihrer sommerlichen Wonne,
ein trostlos Ahnen durch die Seele zieht.

Ist nicht auch so des Herzens Winterzeit?
Nichts Schönes kann uns trösten und erheben,
so wärmearm, so bitter müde wird das Leben
bis es erstirbt im kalten grauen Leid.

Wohin?

Du siehst keinen Weg und du siehst kein Licht,
Du fühlst nur eines, Du hast das nicht
wonach Deiner Seele Verlangen.

So öd ist die Flur, so lichtlos der Wald,
ein klagendes Echo herüber nur schallt
dass einst er mit Dir hier gegangen.

Du siehst keinen Weg und Du siehst kein Licht.
Du möchtest ihn hassen und kannst es doch nicht
denkst Du der vergangenen Tage.

Wie Meeresbrausen in Deiner Seele es schäumt;
ein trauriges Lied ins Herz Dir träumt
und eine Ewigkeitsfrage.

Der Wundergarten

O daß ich sähe jenen Wundergarten,
da weiße Lilien goldene Blätter tragen!
Seltsame Blüten duften in den Sprachen
der Jenseits-Welt, voll froher Wunderwarten.

Rubine schimmern an den Quellensträuchern,
Sehnsuchtserfüllung ruht auf Rosenpracht..
In sternbesäter, blauer Sommernacht
will Weihrauch ich in selgem Danke räuchern.

Okkultismus

Bechwörend streckst Du aus die Hand
zu Wesen in dem Geisterland
hoffst, daß zu traulichem Beisammensein
sie kehren in Dein Innerstes ein.

Enthüllen sollen sie des Daseins Sinn,
sein Anfang und sein Endgewinn
und was sonst noch ihr Geist-Auge sah -
doch Du wartest vergebens –
          sie sind nicht da!

Stille

Und stille, ja ganz stille will ich sein
ist vieles auch in mir zerrissen.
Dereinst auf meinem Sterbekissen
soll nichts mich reun.

So gebt mir Eure Hand,
die einst in frohen Tagen
 mir Glück habt zugetragen
in mein Misthaufenland.

Und macht Ihr jetzt mir Leid,
so will ich Euch doch tragen
wie mich der Herr getragen
in gut und böser Zeit.

Seelsorgerliches Gespräch

Du sitzt mir gegenüber
sprichst stockend, wie verträumt,
als sännest Du darüber,
warum das Glück Dich säumt.

Auf Deinen schmalen Wangen
liegt schattend Bitterkeit
wie ohnmächtig Verlangen
nach einer fernen Zeit.

Ich weiß, daß Du im Lenze
einst hoffnungsfroh geliebt,
Dich schmückten manche Kränze -
doch ach, der Wind zerstiebt.

Und tief in Deinem Herzen
ein wildes Feuer loht
und tausend Qualen drängen
Dich in Verzweiflungsnot.

Und tief in Deinem Innern
spürst Du nur Schuld und Last;
Du kannst nur leise wimmern
und meinst, daß Gott Dich hasst.

Doch Gott, der Herr, er liebt Dich,
er trägt auch Deine Schuld.
In seinem Auftrag sage ich:
Er schenkt Dir seine Huld.

Voll Gnade will er nehmen
Dich an sein Vaterherz.
Vor ihm brauchst niemals Du Dich schämen,
es ist für ihn fürwahr kein Scherz.

Er steht Dir treu zur Seite,
wenn Menschen Dich auch fliehn;
ob Nähe oder Weite,
er wird stets mit Dir ziehn.

Heimat

Auf meiner Heimat Fluren
geh träumend ich umher-
ich suche mein Kindheit
und finde sie nicht mehr.

Verschüttet ist das Bächlein
das einst so froh geplauscht,
zersplittert ist die Linde
drin es so traut gerauscht.

Die Wiese, drauf ich pflückte
manch Blümlein zart und bunt
ist Autobahn geworden -
mein Herze wird mir wund.

Das Haus, darin ich wohnte,
ich finde es nicht mehr. -
Ach Heimat, liebe Heimat,
heut ward mein Herze schwer.

Sehnsucht

Ich hatte mich verloren
einst in ein Blütenland,
an dessen Rosentoren
ein Kindlein ward geboren
das Sehnsucht ist genannt.

Es nahm mein Herz zu eigen,
seither hat's Heimat dort;
es harrt in Dornenzweigen,
in Schmerzen und in Schweigen
auf das Erlösungswort.

Der Greis

Müd ist mein Körper, weiß ist mein Haar
doch mein Geist ist wach, so wie er stets war.

Zwar fordert das Alter vom Leib den Tribut,
doch im Herzen, da lodert noch immer die Glut.

Die Glut meines Lebens, voll Hoffnung und Traum.
Sah ich auch manch Schönes - Erfüllung fand ich kaum.

Die ersehnte Erfüllung, die mir Frieden gebracht;
sie wollte ich finden bei Tag und bei Nacht.

War steinig mein Weg auch - ich blieb mir stets treu -
Erfüllung zu finden war mein Ziel stets aufs neu.

Mein Leben hat mir Kummer, doch auch Freude
                                                    gebracht;
ich hab viel geweint - aber auch viel gelacht.

Ich liebe mein Leben, solang ich's noch hab;
doch Erfüllung, die find ich wohl doch erst im Grab.

Sachlichkeit

Mehr Sachlichkeit, mein liebes Kind
so sprach der Frosch zur Nachtigall.
Du singst ganz nett im Wiesental,
doch heute man nur sachlich minnt.

Die Nachtigall betroffen lauscht:
Wie, ist mein Sang denn nimmer schön
wenn's in den Büschen heimlich rauscht
und Zweie, Herz am Herzen stehn?

Ih wo, mein Kind, längst ist vorbei
die süße Träumerei im Busch;
man liebt heut sachlich, eins, zwei, drei -
und läßt einander, husch, husch, husch.

Sonnenland

Ich sah ein helles Sonnenland,
das wollte ich erreichen
bevor der Abend sank ins Land
und dunkle Schatten schleichen.

Das Land, es lag so hell und rein
inmitten dunkler Moore;
doch jählings brach die Nacht herein
und schloss vor mir die Tore.

Erinnerung

Am Waldessaum, am Ellerbach
sang mich ein Lied vom Schlummer wach.
Ein Lied, das mir vor Zeiten klang
als ich durch Wald und Wiese sprang,
und dort als Kind im stillen Tag
noch Märchen hörte - überall.

Am Waldessaum, am Ellerbach
sann ich den Kindheitsträumen nach
und sah am grünen Heckenweg
die Märchenfee im Blattgeheg.
Süß klang durchs dämmergrüne Tal
ihr Wunderlied: Es war einmal........

Jahreswechsel

Es läuten die alten Glocken
ein Willkommen dem neuen Jahr.
Vom Himmel wehn wirbelnde Flocken
wie es schon oftmals war.

Und doch, in all dem Denken
was uns das Neue bringt,
will sich ins Herz uns senken,
ein Licht, das strahlend blinkt.

Ein Dreigestirn, das größte,
was je die Menschheit sah,
vom dunklem Leid erlöste,
als es ein Gott ersah.

Das holde Licht, das helle,
Glaub, Hoffnung und die Lieb;
trinkst Du aus seiner Quelle,
wird's nie im Herzen trüb.

Und wenn die Glocken läuten
Willkommen dem neuen Jahr,
soll es für Dich bedeuten:
Glaub, Hoffnung, Liebe - immerdar!

Auf dem Calmont

Ein goldnes Wölkchen hängt wie freundlich Grüßen
hoch an des Himmels lichtem Abendzelt.
Traumatmend liegt im Schlummer mir zu Füßen
die wundersame duftdurchströmte Welt.

Aus dunklen Büschen schimmern Jasminsterne,
kühl rauschen Bäche in des Waldes Grund.
Das milde Abendlicht ruft schon die Sterne,
in magischen Dämmerschein schwingt Stern und
Erdenrund.

Sommernacht

Es rauschen und wogen die Ähren
im silbernen Mondenlicht -
des Himmels Sternenbogen
fließt wie ein Traumgedicht.

Ein Bächlein will ins Weite
durch Busch und Tannengrün -
mein Herze schwingt in Freude
und möchte mit ihm ziehn.

Und meine Seele hüllet
sich in den Traum hinein
und wird von ihm erfüllet
mit goldnem Sternenschein.

Am Abend

Am Bach, wo blaue Vergissmeinnicht blühn,
saß ich im Abendschein;
der Sonne letztes goldnes Glühn
leuchtete tief in mich hinein.

Der Wind lief durchs goldene Ährenfeld -
im Busch ein Vöglein sang
und leise versank die Tageswelt
beim Abendglockenklang.

Kaminfeuer

In meinem Kamin - hinter dem Glasfenster fein,
da tanzen am Abend die Feuermännlein
einen lustigen, funkensprühenden Reigen.

Sie hüpfen und springen und necken sich,
sie haschen und spähen und verstecken sich
und kichern in züngelnden Flammen.

Dann rücken sie flimmernd zusammen
und strecken zum Schlummer sich aus -
wenn dunkel die Nacht schleicht ums Haus.

Frühlingserahnen

Zwar liegt noch Schnee zu meinen Füßen -
der kleine Bach ist noch vereist
und doch fühl ich des Lenzes Grüßen
den jauchzend meine Seele preist.

Ganz still, ganz leise ist das Ahnen
das träumend meinen Sinn umfasst
wie frohverkündendes Erahnen:
Es naht der Lenz. Nun aufgepasst!

Und wirklich, eh noch Menschenaugen
ersahn des Frühlings strahlend Sein,
durft ich ganz in sein Wesen tauchen -
war er zuerst nur mein allein.

Ganz heimlich durft ich ihn erwarten
in erster, lauer, glücklicher Nacht.
Am Weißdornbusch in meinem Garten
hat die Schnepfe mir seinen Gruß gebracht.

Und fröhlich hat er mich gegrüßet
und fröhlich küsst er Baum und Strauch
und jetzt, daß ihr es alle wisset,
jetzt wird es für euch Frühling auch.

Frühlingsbotschaft

Ein schlaues Füchslein läuft übers Feld,
durchschleicht die blühende Frühlingswelt;
trollt dann in vergnüglichen Sprüngen
über braune Schollen und Heckengrün
durch junge Felder und Lenzesblühn,
den Seinen die Botschaft zu bringen,
dass Gänse und Enten schon singen.

Frühlings Wehn

Wenn der Mund Dir voll Gesänge
und das Herz wird Dir zu enge,
wenn in wonniglicher Lust
sich Dir weitet Deine Brust:
Dann ist es des Frühlings Wehn,
dann ist es des Lenzes Gescheh´n,
und es ist dann nicht mehr weit
bis zur frohen Maienzeit.

Lenzgedicht

Nun lasst den Frühling mir herein,
er steht ja vor der Tür.
Soll ich denn nicht der erste sein,
der ihn bewillkommt hier?

Schon hab die Feder ich zur Hand
fürs erste Lenzgedicht.
Es klopft! Macht auf, daß ich gebannt
ihm schau ins Angesicht.

Öffnet Fenster ihm und Türen,
lasst ihn nur nicht draußen stehn.
Will des Lenzes Hauch nun spüren,
Winterkälte soll vergehn.

Lasst herein ihn, dass er mir
die Seele fröhlich auferhellt,
und voll Freude erkennen wir:
„Wunderbar ist im Lenz die Welt!"

Sommerfülle

Ich trage reife Sommersänge
in meiner Brust
und hör der Ernte Sichelklänge
in wahrer Lust.

Schon neigen sich die goldnen Ähren
beim Schneideklang
in schicksalhaftem Wunschgewähren
das Feld entlang.

Kraftvoll zersprengt mein Lied die Hülle
und bricht hervor -
es steigt die Sommersehnsuchtsfülle
zum Licht empor.

Sommermohn

Unter goldnen Baldachinen
schreitet nachts der rote Mohn.
Leis umsummen frohe Bienen
von dem Mondlicht sanft beschienen
seinen wundernächtgen Thron.

Margeriten

Sonnenfünklein fielen leise
in die weißen Blumensternchen,
wölbten sich zu goldnem Kreise
wie ein leuchtendes Laternchen.

Und die Blümlein, nett, bescheiden,
stehen in der Wiese Mitten.
Gar zu gerne mag ich leiden
die lichtfreundlichen Margritten.

Die rechte Zeit zum Leben

Das ist die rechte Zeit zum Leben!
Mein Herz, nun werde wieder jung.
Wirf ab, was Trübsinn dir will geben
und freu dich der Verjüngerung.

Denn so wie tausend Blüten prangen
im jungen Frühlingszauberreich,
so ward vom Strahl des Glücks umfangen
auch deine Lenzzeit froh und reich.

Sieh, wie des Baches Silberwellen
den Spiegel leihen deinem Bild
und deine Augen froh erhellen
mit lichtem Schimmer, warm und mild.

Nun schmück den Hut mit grünen Zweigen
und singe froh im jungen Haag
dem wonnesamen Sonnentag.

Lachende Zeit

Ich wache auf mit Lachen
und schlaf mit Lachen ein.
Ich kann's nicht anders machen,
muss immer fröhlich sein.

Der Himmel hängt voll Sonnen,
die Erde steht im Licht;
und am quellklaren Bronnen
blühn schon Vergissmeinnicht.

Da muss man fröhlich wandern
durch Täler zu den Höhn
und singen mit den Andern:
Wie ist die Welt so schön.

Sonntagsglocken

Hell läuten die Sonntagsglocken
über das blühende Land.
Bäume wehn Blütenflocken
zum grünen Wegesrand.

Vom Herzen schmilzt mir die Rinde
ein Bächlein murmelnd fließt -
da werde ich wieder zum Kinde,
das jubelnd den Frühling begrüßt.

Es war einmal

Traulich ist es in der Stuben
wenn Großmütterlein erzählet
und den kleinsten von den Buben
auf den Schoß nimmt, wenn er quälet.

Nichts durchbricht die sanfte Stille
die die Dämmerung geboren -
mäuschenstill mit wachen Ohren
lauschen sie der Märchenfülle.

Zwergenarbeit

Körnlein sind´s, aus dem Goldgestein
des Jenseits hoher, ewiger Berge.
Geschlagen mit rastlosem Hämmerlein,
getragen ins Menschenkämmerlein
damit man´s darinnen berge.

Zwergenhochzeit

Ein Sonnenstrahl sprang in den Wald
und trieb sein lustiges Spiel alsbald.
Er küsste alle Blümlein fein
und neckte alle Käferlein.

Dann schwang er hoch sich in den Baum,
legt sich ins Vogelnest voll Flaum.
Doch kaum, daß er geruhet dort,
sprang er schon wieder lustig fort.

„Ich muss noch sagen guten Tag
dem lieben klaren Silberbach."
So sprach er lächelnd vor sich hin
und lief durch Busch und Heckengrün.

Das Bächlein, ja das freute sich:
„Wie schön, daß du besuchest mich.
Die Hirsch und Rehe waren auch schon hier,
und nahmen ihren Frühtrunk froh von mir.

Wenn du ein Weilchen noch hältst Rast,
kommt's Eichhörnchen auch noch zu Gast."
Sonnenstrahl sprach: „Das geht heut nicht."
und streichelt des Bächlein Angesicht.

„Hochzeit ist heut im Zwergensaal,
da muss ich hin auf jeden Fall.
Sie schauen wohl schon nach mir aus
was wäre ohn´ mich ein Hochzeitsschmaus?"

Husch war er fort, das Bächlein lacht:
„So hat er's immer schon gemacht!"
Bald kam der goldne Sonnenstrahl
vergnüglich an im Zwergensaal.

Dort war's so wie im Märchentraum,
es schneiten Blüten von Busch und Baum.
Aus purem Gold war's Brautgezelt
zwischen Wunderblumen hingestellt.

Im Rosenwagen fuhren dann
das Brautpaar mit dem Rehgespann.
Brautjungfer war die Haselmaus,
die streute Rubine und Perlen aus.

Die Blumenglocken klangen hell
und Wein floss aus des Waldes Quell.
Das war ein Duften rings und Blühn,
man lagerte sich im Sommergrün.

Indes ein Musikantenchor,
schritt aus des Zauberberges Tor
und ihren wundersam´ Melodienreigen
begleiteten die Vögel in ihren Zweigen.

Da klatschten alle Zwerglein laut
und tanzten um die Zwergenbraut.
Was es dann gab beim Hochzeitsmahl
erzähl ich euch - ein andermal.

Märchenfang

Unter Brücken und Stegen
so hab ich vernommen
kommen bei Mondenschein
bunte Märchen geschwommen.

Das wollte ich selber einmal sehn,
gar groß war mein Verlangen;
oft mußt ich unter Brücken stehn
bis eins ich endlich gefangen.

Im blauen goldlockigem Röckchen,
über Vergissmeinnicht-Äuglein hin,
ein Kränzlein von blumigen Löckchen,
erfüllte es bald meinen Sinn.

Es kuschelte sich an meine Brust
und küsste ins Herz mir Lieder;
sprang selbst dann hinein -
nun trag ich's in mir
und geb's an euch alle wieder.

Vergissmeinnicht

Ein zartes Sternblümlein hab ich erschaut,
des Himmels Lächeln darin erblaut.
Der Sonne Goldstrahl drang an sein Herz;
nun leuchtet es glücklich, ohn´ Weh und Schmerz.

Nur wenn ein Tautröpfen bei ihm hält Rast,
deucht´s mir wie eine Träne fast.
Dann bleib ein Weilchen ich vor ihm stehn:
Vergissmeinnicht! Hab dich weinen gesehn!

Doch wenn's Tautröpfchen dann weiter zieht,
dringt Lächeln des Blümleins in mein Gemüt.
Die Träne im Lachen, das Lachen im Weinen,
das will als des Blümleins Prinzip mir nun
                                    scheinen.

Die alte Mühle

Rauschende Wasser mit murmelndem Sang
eilen das Tal über Felsen entlang.
Sonnenstrahl scheuchte die Morgenkühle -
hier träume ich an der Wassermühle.

Mächtige Felsen aus uralter Zeit,
Bäume im herbstlich-buntem Kleid.
Sprudelnde Wellen so silberklar.
Ach Welt, du bist so wunderbar.

Perlet der goldene Wein dann im Glas,
zirpen die Heimchen im tauigem Gras,
leuchtet die Sonne durch Täler und Höhn,
Ach Welt, wie bist du doch schön.

Ewig möcht´ sitzen und träumen ich hier,
lauschen des Wildbachs murmelnder Gier.
Doch es ruft mich der Alltag und fort muss ich gehn
- leb wohl, alte Mühle, Auf Wiedersehn!

Ein Spaziergang

Es klopft der Specht, der Maikäfer brummt,
es quakt der Frosch, das Bienchen summt.
Das Heimchen zirpt, das Vöglein singt,
das Bächlein rauscht, der Rehbock springt.
Die Blumen blühn im Sonnenschein,
wie sollte mein Herz da nicht fröhlich sein.

Ellerbachtal

Ich weiß ein heimlich stilles Tal
in das der Sonne goldner Strahl
liebkosend niederfällt.
Und eines Bächleins Silberband
zieht an der Heckenrosenwand
durch meine kleine Welt.

Das Häuslein

Dort wo der Waldweg abseits geht
im Wiesengrund ein Häuslein steht.
Mit seinen blanken Fensterlein,
schaut es froh in die Welt hinein.

Im Frühling sinnt´s erwartungsvoll
was wohl als Erstes kommen soll.
Und wie es rings umher nun späht,
Schneeglöckchen ihm zu Füßen steht
und spricht: Mein Häuslein, ich bin da,
und hör doch nur: der Lenz ist nah.

Das Veilchen hörts am Heckenrand -
flugs zieht es an sein blau Gewand
und spricht: Ist es denn wieder mal so weit?
Dann wird's auch für die Primel Zeit.
Es lugt, ob sie nicht schon erwacht
da steht sie schon gar bunt und lacht.
Und ihren Gruß entbieten müssen
nun auch die Tulpen und Narzissen.
Das kleine Häuslein aber denkt:
Was wird mir Schönes doch geschenkt.

Im Sommer, unterm Eichenbaum -
das Häuslein sieht die Welt noch kaum,
die goldnen Ährenfelder wogen -
es zwitschert unterm Laubenbogen
und in des Waldes dunklem Schoß
der Hirsch still ruht auf grünem Moos.

Und auf der Wiese in wildem Reigen
Bock und Ricke der Welt ihre Liebe zeigen.
Das Häuslein aber fröhlich denkt:
Mit wie viel Wärme werd´ ich beschenkt.

Den Herbst sieht es in bunter Pracht.
Vom Baum der rote Apfel lacht.
Die Traube an des Hauses Wand
den Weg zur Kelter auch schon fand.
Die Nüsse prasseln in das Gras,
dem Eichhörnchen macht das viel Spaß.
Das Häuslein wieder fröhlich denkt:
Wie werd´ ich doch so reich beschenkt.

Im Winter fällt der weiße Schnee
aufs Häuslein sanft, von großer Höh
und hüllt es ein - ein weißer Traum,
das Häuslein spürt die Kälte kaum.
Der Ofen breitet Wärme aus
und köstliche Düfte erfüllen das Haus
von Spekulatius, Stollen und Lebkuchen gar -
das Häuslein spürt: Weihnachten ist nah
und dann im großen Deelenraum
beim Kerzenglanz am Tannenbaum
das Häuslein still verträumt nun denkt:
Wie werd´ auch jetzt ich reich beschenkt.

So wie das Häuslein durch die Zeiten
von stiller Freude sich läßt leiten
und sieht die Schönheit dieser Welt
so sei es auch um uns bestellt,
daß wir zufrieden nehmen an
was uns das Leben schenken kann.

Ein Hundeleben

Mein Hund, ich meine jetzt den Don,
den Drahthaar, ach, ihr kennt ihn schon,
der hat heut Nacht so laut gebellt,
dass er aufweckt ringsum die Welt.

Der Grund? Nun, das ist allen klar,
es passt ihm nicht so ganz und gar
dass Menschen tanzen in den Mai -
und er war im Zwinger - und nicht dabei.

Und der Waldi, mein Dackel, und das wusste der Don,
war im Hause und schmuste mit Frauchen schon;
ließ sich bedauern und verwöhnen,
quittierte das Kraulen mit wohligem Stöhnen.

Er schont seine Pfote, die Don ihm verstaucht,
derweil Herrchem im Sessel sein Pfeifchen
                              schmaucht.
Und Waldi genießt seine Krankheit gar sehr,
doch Don ist allein - und das quält ihn noch mehr.

Er ist doch noch tollpatschig, er ist doch noch jung,
verletzte den Waldi, als er Fliegen wollt fangen im
Sprung,
und Don denkt: Der Waldi, dieser Blödian,
stellt sich doch wirklich zu wehleidig an.

Es macht doch viel Freude, wenn ich voll Elan
den Waldi so richtig über den Haufen rennen kann.
Schließlich kann ich nichts dafür, nun seht das doch
ein,
dass so ein Dackel ist krummbeinig und klein.

Nun darf er sogar noch ins Haus hinein,
das seh´ ich nun wirklich nicht ein.
und wenn Sesam-öffne-dich ist das Klagen.
dann werd ich es damit nun auch mal wagen.

Ich belle laut, ich wimmere leise,
werd jammern auch auf Hundeweise,
ich mach euch schon klar, ich geb keine Ruh
ich will auch ins Haus - ich gehöre dazu.

Sonntag

Nun bricht der heilige Sonntag
im Morgenrot heran.
Es mutet uns die Schöpfung
doch heut ganz anders an.
Es scheint, sie hat gewechselt
still über Nacht ihr Kleid;
mit Feierschmuck gerüstet,
zum Gottesdienst bereit.
Ein leuchtend Goldgeflimmer
liegt auf ihr ausgestreut;
auf Baum und Strauch liegt Schimmer
der großen Sonntagsfreud.

Es läuten Kirchenglocken
den Sonntag ein zumal.
Und hunderttausend Vögel,
sie singen den Choral.
Ein weihevoll Empfinden
Natur und Mensch durchbebt.
Man fühlt sich frei von Sünden;
die Seele aufwärts strebt.
Das ist ein Sonntagmorgen,
ganz wie er Gott gefällt,
wenn nach des Alltags Sorgen
sein Segen auf uns fällt.

Der Morgen

Wir gehn der Sonne entgegen
und achten nicht der Nacht,
die uns auf finstern Wegen
ihr Unheil zugedacht.

Wir wissen, sie vergehet
beim ersten Hahnenschrei.
Der Morgen auferstehet
und Gott macht alles neu.

Bräutigam

Aus braunem Strauche knospet
ein junges, zartes Reis zum Licht.
Bald wird es blühen wunderhold
in meiner Liebsten Lockengold
als Kränzlein man es flicht.

Gottes Welt

Ich wandere froh durch Gottes Welt
das Herz voll Wanderlust.
Mein Obdach ist des Himmels Zelt,
Glück strömt durch meine Brust.

Manch Blümlein mich am Wege grüßt,
manch Vöglein lockend singt;
manch Bächlein mir zur Seite fließt,
daraus mein Frühtrunk blinkt.

Schön ist die Welt im Sonnenschein,
schön ist sie auch bei Nacht,
schön ist sie, wandert man zu zwein
durch ihre Wunderpracht.

So zieh ich fröhlich durch die Welt
um mich hat's keine Not;
mein Obdach ist des Himmels Zelt,
mein Herz lobsinget Gott.

Heideabend

Ein Heideabend still und klar
träumt in mein Herz hinein.
Darinnen schwingt ein kleines Lied
so wundersam und rein.

Ach, seine Zaubermelodie
erinnernd mir verblieb;
ein kleines Wort behütet sie:
Ich hab Dich ja so lieb!

Narzissenduft

Es zittert in verträumter Luft
ganz heimlicher Narzissenduft
umfangend meine Sinne.

Und als ich sah mein Mägdelein
mit ihren strahlend Äugelein
ward ich der Liebe inne.

Die Begleiterin

Als ich frühmorgens jagen ging
da stand am Weg die Freude.
Sie sprach, indem sie mich umfing:
„Ich bleibe bei Dir heute!"
Und fröhlich zogen wir zu zwein
in Gottes schöne Welt hinein.

Und als ich wieder jagen ging
da saß am Weg das Leide.
Gramseufzend es sich an mich hing,
sprach: „Heut geb´ ichs Geleite!"
Müd sanken wir ins welke Gras
und meine Augen wurden nass.

Zum drittenmale wollt ichs wagen
hinauszuziehen nun zum Jagen.
Da trat aus einem Blumenhaus
ein Mägdlein hell und rank heraus
sah aus wie Leid und Freude -
bei ihm blieb ich bis heute.

Zauberstunde

Es webt in weiter Runde
die Abenddämmerung
auf dunkelblauem Grunde
uns eine Zauberstunde
darin wir werden jung.

Wir gehn auf Märchenpfaden
durchs goldne Kinderland,
da bunte Vögel geigen
die Blumen hold sich neigen
und Sterne trägt die Hand.

Wir schreiten durch ein Freuen
von Lenz und Blütenpracht.
Wir knüpfen Rosenbänder
und tauschen Liebespfänder
in blauer Sommernacht.

Und Weiten sich nun öffnen
dem wundersamen Blick.
Ein köstliches Sich-finden
ließ selig uns verkünden
der Märchenweisheit tiefes Glück.

Rosen

Es stehen die blühenden Rosen am Tisch;
es duften die taufrischen Nelken.
Vor uns liegt das Leben, so sonnig und frisch
- zwei glückliche Menschen -
die Liebste und ich,
das alles soll niemals verwelken.

Glücksträumend schließ ich die Augen gern -
du wehrest mit Kosen und Scherzen
und leuchtend lacht Dein Augenstern,
wenn selig Du liegst mir am Herzen.
Du wonnige Liebste, mein herrliches Glück!
Wie pocht Dein Herz, wie strahlt Dein Blick!

Und immer stehn festliche Rosen am Tisch
und immer blühn taufrische Nelken.
Verwelken auch die andern, die einstens so frisch
- doch unser Glück soll niemals welken.
Und wallen die Zeiten und rollt auch das Rad,
mögen die Parzen spinnen und weben von frühe bis spat:
Wenn unsere Liebe so reichlich bricht Blüten.
dann wird auch der Himmel uns allzeit behüten.

Mainacht

Silberschimmer, Mondesglanz,
Rehe äsen auf der Lichtung.
Wie in einem Zauberkranz
liegt der Mainacht holde Dichtung.

Wasserrauschen, Wellenschlag,
Nixentanz auf goldnen Wogen.
Aus dem nahen Blütenhag
kommen Feen angeflogen.

Sternenflimmer, laue Luft,
welch geheimnisvolles Leben
trägt den blütenschweren Duft
zu mir her mit süßem Beben.

Silberplätschern, holder Sang,
Elfentanz im Blütenreigen,
wie ein Liebeszauberklang,
der dich ewig mir gibt eigen.

Warten

Ich warte auf den Glockenschlag,
der Dich mir bringen soll, -
ich warte, warte Tag für Tag,
das Herze übervoll
von Sehnsuchtsfreude, Sehnsuchtsschmerz -
o komm und wirf Dich an mein Herz.

Am Bach

Ein Bächlein eilt ins Weite,
trägt goldne Sternenfracht;
der Mond gibt ihm Geleite
von hoher Himmelswacht.

Ein Maienblütenreigen
wiegt sich an Bächleins Saum -
da gab sich mir zu eigen
ein holder Märchentraum.

Sommerabend

In lauer Sommerabendluft
ein Vöglein fröhlich singt,
indes ein süßer Blütenduft
tief in mein Herze dringt.

Im Mondenschein der Garten liegt,
ein silbern Traumgedicht;
daß sich Dein Herz an meins geschmiegt,
wie's kam? - Ich weiß es nicht.

Gefühl

Wenn von ferne Töne klingen
weil im Garten Vögel singen,
wenn´s Wasser rauscht im Teichesbecken
und die Grille zirpt in Efeuhecken:
Dann drängt mich ein Sehnen
Dich ans Herz zu nehmen
und aller Welt Freuen
nur über Dich zu streuen.

Das Glück, mein Herz und ich

Wir wandern durch Wälder und Wiesenau,
das Glück, mein Herz und ich.
Wir sammeln alles Freuen
es fröhlich auszustreuen
auf Gottes Gabentisch;
das Glück, mein Herz und ich.

Wir rasten an manch klarem Quell,
das Glück, mein Herz und ich.
Im grünen Glanz der Bäume
umgaukeln Märchenträume
in buntem Traumgemisch;
das Glück, mein Herz und ich.

Sölktal

Silberne Sternenbahnen
am hohen Himmelszelt
geben ihren Rahmen
der verschneiten Welt.

Weihevolle Stille
schenkt uns einen Traum
tiefster Friedensfülle
in der Seele Raum.

Sanft wirft der Mond den Schleier,
umrahmt die Silberpracht
verstärkt die stille Feier
einer weißen Winternacht.

Ich seh das Bild aus dem Sölktal
tief drinnen noch in mir
und in der Berge weißer Saal
wär ich jetzt gern mit Dir!

Jugendzeit

O Jugendzeit, du wunderbarer Traum
der längst dahin; du gleichst dem Tannenbaum,
der selbst in öder, kalter Winternacht
das Herz noch erfreut mit grüner Sommerpracht.

Du gleichst dem klaren Quell
der silberhell entspringt.
und, wenn dem Felsen er enteilt
ein Loblied ihm noch singt.

Du gleichst dem holden Stern
der leuchtet in der Nacht
und schon manch müdes Herz
hat sanft zur Ruh gebracht.

So gibst auch du so gerne
Erinnerung als Geleit,
als stiller holder Stern
der fernen Jugendzeit.

Mobbing

Mobbing in der Kirche - niemals
hört´ ich es lauthals tönen.
Die Wirklichkeit sieht anders aus,
kann man da nur noch stöhnen.

Was heißt kirchliche Lehre, was heißt Evangelium,
wenn es geht um Posten und Macht;
wer den Reden vertraut, ist doch wohl dumm,
hat menschliches Machtstreben nicht bedacht.

Hat nicht bedacht, daß im Glanze stehn
für die meisten allein wichtig ist
und daß sie nur den anderen sehn
als hinderlichen Mist.

Als Hindernis auf ihren Weg
zur absoluten Macht,
beiseite gedrückt von seinem Steg,
noch schneller als er´s gedacht.

Sie wollen die Macht, alles andere ist Dreck,
muss getreten werden in den Staub.
Wer ihnen nicht huldigt, der muss weg,
Menschen gegenüber werden sie taub.

Taub wie zu Zeiten der Inquisition,
deren Wirken man heute beklagt,
und dennoch anschlägt den gleichen Ton,
wenn ein anderer seine eigene Meinung wagt.

Und wenn sie es könnten, sie würden auch
die gleichen Urteile noch vollstrecken
und gierig noch den kleinsten Hauch
von der blutigen Macht dann schlecken.

Und alles wird auch noch garniert
mit dem gleichen falschen Geschwafel,
wobei man sich scheinbar windet und ziert
und fett schwelgt an der Tafel.

Heimat

Heimat! Wort voll trautem Klang
das wie Festgeläute
mir auf meinem Lebensgang
stetig gibt Geleite.

Ruh an deinem Brunnen ich
froh in wachem Traume,
sehe ich als Knabe mich
unterm Lindenbaume.

Er beschattet Dein Kristall,
du schenkst frische Kühle,
wenn der heiße Sonnenball
ihn bedroht mit Schwüle.

Heimatbrunn und Lindenbaum
unter Himmelsbläue -
rauscht ihr wie ein goldner Traum
wie ein Lied der Treue?

Leyerklang

Horch! Wieder klingen süße, selge Weisen
an euer schier verwundert lauschend Ohr;
als sollt der Erde Fessel nun zerreißen
und öffnen sich des Himmels goldnes Tor.

Es sind der Liebe gottgeweihte Klänge,
die süß durchdringen meine harte Brust
und mich gleich hehrer, hoher Engelssänge
durchschauern lassen voller Wonn und Lust.

Sie tragen mich zurück in jene Stunden,
ja Stunden waren es, kurz - doch wonnenreich,
wo ich der Liebe höchste Lust empfunden,
in meinem Herzen trug ein Himmelreich.

Da blühten Rosen duftend in reicher Fülle,
da lächelte so schön des Himmels Blau,
wenn in der Gartenlaube trauter Stille
ich dir so inniglich ins Auge schau.

 Schon wieder strömts - gleich andern Sangestönen
aus meiner Leyer, die so oft erklang,
als wollts mit alten Schmerzen es versöhnen
was mir im tiefsten Herzen macht so bang.

So jubelt, klagt, so schluchzt und tönt es weiter
bald klagend leis, bald Orgelklängen gleich,
bis auf der hehren Herzensklänge-Leiter
die Seele auf sich schwingt zum Himmelreich.

Verzicht

Und habt die Laute Ihr zerschlagen
die mir die Seele frohgemacht,
will ich doch nicht in Unmut klagen,
will ihren Klang im Herzen tragen
erinnerungsfreudig Tag und Nacht.

Erinnerungsfroh will ich es hüten
das soviel Sonne mir geschenkt
und so viel tausend lichte Blüten
dem Einsamen und Kampfesmüden
in sein ermattet Herz geschenkt.

Affenkasten

Ich sitz in meinem Affenkasten
und leb von Fasten, Fasten, Fasten.
Die schönen Tage sind vorbei,
denn einmal nur im Jahr ist Mai.

Doch wenn er jedes Jahr mal blüht,
man gern ihn immer wieder sieht;
doch dieses Jahr, ganz wunderbar,
da blühte er im Januar.

Herbst

Wenn Früchte in den Bäumen reifen,
bunte Drachen in den Höhen schweifen
über sich des Himmels Zelt
unter sich das korngemähte Feld –
ach, dann weiß von wenig goldnen Tagen
unser Herz fortan nur noch zu sagen –
denn es schlummert bald die ganze Welt.
Schönheit, Liebe, Wünsche deckt sie zu.
Nur der Glaube und das starke Hoffen
hält im Winter unsre Herzen offen
in der kälte-starren Todesruh.

Herbsttage

Wenn an klaren Herbstestagen
Bäume goldne Kronen tragen
purpurflammend, lichtumloht,
und die Sonne strahlt vom blauen
Himmel in dies köstlich Schauen –
ist's, als käm noch einmal wieder
der Lenz mit seinem Duft vom Flieder,
eh' der Schnee bringt arge Not
und die Erde stirbt den Wintertod.

Herbstabend

Blutrote Spätrosen im Herbstsonnenglanz
umspielen die Mücken im huschenden Tanz.
Sie fliegen und wiegen in munterem Reigen
die Vögel ihr Abendlied singen auf den Zweigen.

Da hebt sich der Westwind, die Rosen sich schließen,
die Mücken zerstieben, der Tag muss zerfließen.
Schon grüßet am Himmel der Abendstern mild -
da wandere ich heimwärts voll Frieden erfüllt.

Herbst

Mit vollen Händen streut er aus
Gold, Purpur und Brokat.
Da drängt ein jedes Herz hinaus
auf buntem Waldespfad.

Spätherbst

Nur wenig Sonne gibt uns noch der Tag
und kurz nur sind die stimmungsvollen Stunden,
erinnernd uns an Lenz und Glücksbegehr -
ich sinne, wer Erfüllung wohl gefunden?

Herbstabschied

Nun ist er gegangen! Sein buntes Gewand
zerrissen hängt's über dem schweigenden Land,
dem alle Farbe genommen.
Die Nebel wallen auf lichtloser Au
und stiller Tage lastendes Grau
machen das Herz mir beklommen.

Neugier

Ich stehe vor verschlossener Tür und poche.
Ein Fenster wird flugs aufgetan, es schaut heraus die Woche
und ruft: du Tor, was willst du so früh hier?
Ich bin gerade beim Paketmachen;
das ist fürwahr kein angenehm Pläsier,
meist pack ich Seufzen - und nur wenig Lachen.
Da wird es mir ums Herz oft schwummerig -
doch sprich, was willst du hier, du Dummerig.

Ich dacht - ich möcht - ich wollt nur mal schaun,
was du für mich wohl birgst in deinem Schoße,
sprach ich bescheiden. Da rief sie: Du Clown!
In meinem Schoß berg ich nur Arbeitslose
mit ihren Nöten, Sorgen, Plakerei´n,
Gesuchen, Laufereien, nutzlose Gänge,
im Arbeitsamt stundenlang stehn dort im Gedränge,
und draußen Plakate, die ihre Werbesprüche schrein.

Doch da du nun hier bist, ist es mir egal,
ob deinen Teil du schon jetzt bekommst auf deine Frage -
wupps, schlug sie rechts und links mir in die Visage.
Fort flog der Hut, die Brille und der Schal,
ein Wasserkübel fiel auf meinen Kopf,
er roch nach mancher faulen Zwiebel.
Da schloss ich resigniert den Mantelknopf
und drehte ab. - Ja, Neugier ist ein großes Übel.

Winter

Weißverschneit und einsam sind die Gassen.
Aus der kleinen Häuser dunklen Reih´n
fällt ein Lichtlschein auf den Schnee, den blassen,
auf ihn malend einen Heil´genschein.

Und ein süßes Lied hör ich erklingen
aus der fernen, fernen Kinderzeit:
und es ficht mich an, laut mitzusingen,
denn mein Herze wird so froh und weit.

Eine Türe öffnet sich im Dunkel
und ein heller Strahl schwebt hinterher,
wie von eines Christbaums Lichtgefunkel.
Warum freue ich mich nur so sehr?

Weihnachtszeit

Ist das ein Freuen zur Weihnachtszeit!
Die Tage scheinen mit Gold bestreut
und in den Häusern ein heimliches Verstecken
in Kisten und Truhen, in Schränken und Ecken.
Ein Knistern und Flüstern, ein Tuscheln und
Raunen,
verstohlenes Lächeln, getarntes Erstaunen -
und abends gar, in der Dämmerung
gehn Wintermärchen im Hause herum
und flüstern im sternenbesätem Kleid
von der kommenden frohen Weihnachtszeit.

Weihnachtswunsch

Friede, Weihnachtsfrieden läuten
heut die Glocken ein.
Möge wahrer Weihnachtsfrieden
auch in deinem Herzen sein.

Mögen heilge Jesushände
sanft vertreiben deinen Schmerz
und den Weihnachtssegen spenden
deinem erdenmüden Herz.

Weihnachtsengel

In roter Abendwolken Mitten
sieht man die Weihnachtsengel gehn;
Christkindlein sitzt im goldnen Schlitten
und weiße Engelschleier wehn.

Friede auf Erden

Friede auf Erden - es scheint wie ein Traum.
Friede auf Erden - man glaubt es kaum.
Friede auf Erden - der Retter ist da!
Friede auf Erden - singt Halleluja!

Friede auf Erden - Weihnacht ist heut.
Friede auf Erden - das gilt allen Leut.
Friede auf Erden - von Bethlehem aus
Friede auf Erden - dringt es in jedes Haus.

Friede auf Erden - Christ ist geboren.
Friede auf Erden - wir sind nicht verloren.
Friede auf Erden - so schallet voll Kraft
Friede auf Erden - der Engel Botschaft.

Friede auf Erden - das gilt dir und mir.
Friede auf Erden - weit draußen und hier.
Friede auf Erden - die Waffen, sie schweigen.
Friede auf Erden - Gott selbst will sich zeigen.

Friede auf Erden - in der Krippe ein Kind.
Friede auf Erden - ein jeder dort find.
Friede auf Erden - die Hirten, sie beten.
Friede auf Erden - lasst auch uns still hintreten.

Friede auf Erden - der Stern zeigt es an.
Friede auf Erden - für Kind, Frau und Mann.
Friede auf Erden - in die Welt scheint das Licht.
Friede auf Erden - versäume es nicht.

Friede auf Erden - so hört man es schallen.
Friede auf Erden - den Menschen ein Wohlgefallen.
Friede auf Erden - vorbei sind Hass, Streit und Not.
Friede auf Erden - gehandelt hat Gott.

Friede auf Erden - entzündet die Kerzen.
Friede auf Erden - erwärmt eure Herzen.
Friede auf Erden - eure Garben bringt dar.
Friede auf Erden - im Nächsten kommt das Kind
euch nah.

Winterabend

Winterabend! Durch den Torf
stapfen müde Schritte
in das weißverschneite Dorf,
zu der letzten Hütte.

Lichtschein fällt durchs Fensterlein
auf des Mannes Züge,
der ins Stübchen tritt herein,
grüßend Frau und Wiege.

Und der Baum, den er gebracht,
eine grüne Fichte,
soll geschmückt zur Heilgen Nacht
glänzen dann im Lichte.

Sieht den Traum der Weihnachtszeit
- Frieden hier auf Erden -
bei der Glocken froh Geläut
für ihn Wahrheit werden.

Muttergüte

Was heimlich du empfangen
in glückbewegter Stund,
voll herzliches Verlangen
küsst zärtlich es dein Mund.

Dein Kindlein, dir zu eigen
mit allem Glück und Schmerz,
dem Engel Lieder geigen
ins kleine Menschenherz.

Noch wehet Engelfächeln
ihm Himmelswonne zu,
noch liegt ein selig Lächeln
in seiner Traumesruh.

Doch blinken helle Tropfen
an seinen Wimpern zart,
fühlt er des Lebens Klopfen,
des Schmerzes fremde Art.

Dann ruht er wohlgeborgen
gern auf der Mutter Arm,
weiß nichts von Lebenssorgen,
weiß nichts von Weh und Harm.

Fühlt nur, daß Mutterliebe
ihm seinen Weg erhellt,
fühlt nur der Mutter Güte,
das Schönste auf der Welt.

Unschuld, Liebe, Treue

Blumen brachte aus dem Wald
dir dein herziger Bube
und ein süßer Duft weht bald
durch die kleine Stube.

Scheint es fast, als sei der Lenz
selber hergekommen;
daß mit Blumenschmuck gekränzt,
was er lieb gewonnen.

Und dein kleiner Bube lacht:
Mutter, schau, o schaue
doch der Blumen holde Pracht
weiße, rote, blaue.

Und du schaust die Blumen an,
wie sie duftend prangen
und hältst dann den kleinen Mann
an der Brust umfangen.

Weißt du auch, mein liebes Kind,
was die Blumen deuten?
Will es sagen dir geschwind,
was sie alle läuten.

Weiß, das ist der Unschuld Bild,
Rot, die warme Liebe,
Blau, die Treue, stark und mild
in dem Weltgetriebe.

Merk es dir und pflege treu
diese zarten Blüten;
daß sie deines Lebens Mai
lange dir behüten.

Sinnend schaut der kleine Mann
an den Strauß aufs Neue;
schmiegt sich fester an dich an:
Unschuld, Liebe, Treue.

Goldener Mond

Goldner Mond, du leuchtest meinen Wegen
als Fackelträger mir in dunkler Zeit;
du kleidest dich mit einem Sternenregen
daß magisch schmückt er dir dein gülden Kleid.

Goldner Mond! In deinen prächgen Farben
erscheinst du mir als leuchtend Weltsymbol.
Prächtger Mond, die Menschen ringsum darben,
fühlst du dich in deiner Pracht noch wohl?

Wie lange willst du prahlen noch im Licht,
verschwenden dich in deinem hellen Schein?
Spürst du denn in deinem Innern nicht,
die Qual der Menschen, die vor Hunger schrein?

Unpünktlich

Leer ist die Bank, wo du, mein Lieb, gesessen,
erwartend mich in stiller Ungeduld.
Leer ist die Bank - ich hatte ganz vergessen
die Zeit, - mich trifft allein die Schuld.

Wo weilst du nun? Bist du im Zorn gegangen,
des Wartens müd, das Einsamkeit dir schuf?
Trägst trotzdem du nach mir ein still Verlangen?
Erwartest unverhofft du meinen Ruf?

Leer ist die Bank, wo du mein Lieb gesessen -
Ich kose mit den Augen deinen Platz,
ich will versöhnen dich, du sollst vergessen
daß heut die Zeit verhöhnt dein böser Schatz.

Der Jäger

Es kommt mir manchmal in den Sinn
und bohrend stellt sich mir die Frage:
Wie wird es sein, wenn alt ich bin,
erlebte ich frohe Waidwerktage?

Wenn dann in meinen alten Tagen,
ich anseh´ die Trophäenwand -
was werd bis dahin ich noch jagen?
Bekam ich, wonach der Sinn mir stand?

Dann bin ich grau, dann bin ich alt,
gleichwohl, was liegt daran?
Die Erinnerung läßt mich niemals kalt,
zieht mich in ihren Bann.

Kein Jagdziel, das zu weit mir war,
mit Jauchzen griff ich zu,
und meiner Hunde treue Schar,
ließ mir auch keine Ruh.

Die Jagd mit ihrem vollen Glanz
nahm mich an ihre Brust;
ich schmückte mit dem Eichenkranz
manch Beute voller Lust.

Manch braver Hirsch schmückt meine Strecke,
manch guter Bock, der lag im Schuss,
manch Widder gab mir seine Schnecke
- und mancher Schuss wohl auch Verdruss.

Gar manchen Anblick durft ich haben,
bei dem das Beute machen ich vergaß,
durft frohgemut die Seele laben,
an Bildern, die ich nie vergaß.

Durft manche Kinderstube sehen,
der Tiere dort in Wiese, Feld und Wald,
konnt Hecken planzen, Wildkräuter säen,
anbauen und pflegen, - ganz Heger sein halt.

Und oft nach frohen Jägerstagen,
saß mit der Liebsten ich zusammen,
besprach des Tages viel Fragen
vor des Kamins hell lodernd Flammen.

Das Jagen gab mir manchen Halt,
wenn zermürbt ich wurde dann und wann.
Was soll's, daß ich nun schwach und alt;
ich bleibe doch – ein froher Jägersmann.

Im Wald von Donnovally

Ich weiß ein geruhsames Plätzchen
inmitten des Waldes Schoß;
dort träumt ich mit meinem Schätzchen
auf grünem, sternblumigem Moos.

Es leuchten die Sonnenlichter
wie funkelndes Goldgeschmeid;
es nahen uns Elfen und Wichter
in prunkendem Märchenkleid.

Hier bin ich ein König für heute,
mein Schatz ist die Königin.
Wir ruhn, wie auf Sammet und Seide
und fahren auf Wolken dahin.

Ich weiß ein geruhsames Plätzchen
inmitten des Waldes Schoß;
dort träumt ich mit meinem Schätzchen
und wir fühlten uns reich und groß.

Auf Heimatwegen

Zu wissen, daß wir beide
auf Heimatwegen gehn,
das macht so wegessicher
uns auch im Sturmeswehn,
das macht so wanderfröhlich,
weil Eins das Andre stützt,
das macht so wanderselig,
weil Eins dem Andren nützt.

Auf Heimatwegen gehen wir.
Du bist mein Stab - ich deine Stütze;
und drückt mal eine Last zu schwer,
es geht mit uns ja auch der Herr,
der stark und liebend uns umhegt
und wenn es Zeit ist, heimwärts trägt.

Eingezwängt

„Wes Brot ich ess, des Lied ich sing"
so ist der Welten Lauf.
Was das an Schaden mit sich bringt,
das rechnet keiner auf.

Den Schaden an der Menschen Seele
die nimmer sich entfalten kann.
Die merkt, daß ihr die Freiheit fehle,
die schmerzhaft fühlt des Zwanges Bann.

Die - sich versklavt im Materiellen,
nur ahnt, was ihr verloren geht,
unglücklich fühlt an allen Stellen
wohin der Zeitgeist sie geweht.

Glückstage

Tage, die voller Sonnen und Freuen
hell uns umfluten in glückhaftem Sein
unser innerstes Wesen erneuern -
warum müssen sie so selten sein?

Ludwig Weber, Jahrgang 1947, ein Kind des nördlichen Ruhrgebiets mit etwas verbogenem beruflichen Werdegang: Kaufmännische Lehre, Finanzamt, Studium, Vikariat im südlichen Münsterland, danach rund 30 Jahre Pfarrer der Ev. Kirchengemeinde Gelsenkirchen - Horst. Passionierter Jäger und Naturfreund.

Seine Gedichte sind tief durchdrungen von den Erfahrungen, die sein Beruf und seine Naturverbundenheit mit sich bringen. Dass nur eine wahrhaftige Religiosität mit der Gewissheit, in Gott geborgen zu sein, Grundlage seines Berufes sein kann, versteht sich von selbst. Schließlich sollen Pfarrer neben der Verkündigung auch als Seelsorger „Seelischer Mülleimer" und so eine Art „geistiges Rotes Kreuz" ihrer Gemeindeglieder sein, vor allem, wenn es gilt, Grenzerfahrungen zu verarbeiten. Dementsprechend kommt der Beschäftigung mit dem Tod in den Gedichten eine besondere Bedeutung zu. Der Schrecken des Todes, die Angst vor dem Nichts, wird aufgefangen von der Gewissheit, niemals allein und „gottverlassen" zu sein. Eine Gewissheit, die mehr als nur ein wenig Trost spenden, die vielmehr das ganze Leben gestalten und mit Sicherheit und Geborgenheit erfüllen will.

Dann öffnet sich auch dankbar der Blick für die manchmal verborgenen kleinen Kostbarkeiten am Wegrand und lässt der Phantasie freien Lauf, sich zu entfalten, um diese Kleinodien zu erkennen und zu deuten.